SOUVENIRS

DES

DEUX INVASIONS

DE 1814 ET 1815

DANS LA VILLE ET L'ARRONDISSEMENT

DE PONTARLIER.

PONTARLIER,
IMPRIMERIE D'ALFRED SIMON.

1865.

AVERTISSEMENT.

Les armées coalisées avaient franchi le Rhin dans les premiers jours de décembre 1813. L'Empereur Napoléon 1er avait prescrit aux fonctionnaires de se replier vers l'intérieur, à l'approche de l'ennemi. M. Perrenet, receveur de l'enregistrement et conservateur des hypothèques, était en congé à Paris; M. Vallière, vérificateur, qui faisait l'intérim, s'était retiré sur Besançon. Comme surnuméraire attaché au bureau de Pontarlier, on m'abandonna tout le travail et les soucis de la position.

L'occupation militaire avait coupé court à toutes les transactions, et malgré que je fusse seul au bureau, il me restait bien des heures de loisir pour suivre les évènements, et l'idée me vint de les consigner sur le registre d'ordre du bureau.

Il y a deux ans environ que je priai M. Mercier, alors receveur à Pontarlier, de me communiquer ce registre; mais après des recherches aussi bienveillantes qu'empressées, il m'apprit qu'il avait été compris dans une vente de papiers de rebut.

Comme toutes les circonstances de ces faits néfastes me sont présentes, j'essaierai de les retracer à la mémoire de mes rares contemporains d'alors, et de les apprendre aux petits-fils de ceux qui ont joué un rôle dans ces deux drames.

Je serai amené à des détails qui pourront paraître puérils et de vulgaires aventures, mais les souvenirs les plus insignifiants servent à caractériser l'époque et prennent de la proportion lorsqu'ils ont une personnification et qu'ils remontent à plus d'un demi-siècle.

J'ai écrit mes souvenirs pour ne pas les laisser tomber dans l'oubli, et parce que j'y ai été invité ; ce n'est qu'une espèce de catalogue des faits, une sécheresse, une nudité de récit. Je n'ai voulu ni peindre, ni donner de couleur à ce récit, mais constater les dates et les circonstances ; c'est une ébauche pour l'avenir.

PATEL,

Capitaine de 1815,
ex-Maire de Pontarlier,
Membre du Conseil général du Doubs.

Pontarlier, le 16 avril 1865.

SOUVENIRS

DES

DEUX INVASIONS DE 1814 ET 1815

DANS

LA VILLE ET L'ARRONDISSEMENT DE PONTARLIER.

Les désastres de la guerre de Russie; les nouvelles défaites que nos armées avaient éprouvées dans la campagne de 1813, avaient amené les forces ennemies sur les bords du Rhin. Cependant tout espoir n'était pas perdu : la nation française avait foi dans le génie de Napoléon ; elle comptait aussi sur les résultats d'un préliminaire de paix posé à Francfort par les rois de l'Europe. Pour la Franche-Comté et pour l'arrondissement de Pontarlier en particulier, on espérait que la Suisse ne permettrait pas aux puissances étrangères de violer sa neutralité. Aussi, aucune mesure défensive n'avait été prise sur la frontière; c'est à peine si le Fort-de-Joux avait été armé, et ce n'est qu'au dernier moment qu'il fut pourvu de quelques vivres.

On avait tant de sécurité que le 6 du mois de décembre la ville avait célébré, par des jeux et des illuminations, l'anniversaire du couronnement de l'Empereur et de la bataille d'Austerlitz. Le 17 du même mois, il y avait aussi visite des conscrits appelés sous les drapeaux. C'est à partir seulement du 20 décembre que l'on parla, d'une manière sérieuse, de l'arrivée à Pontarlier des troupes alliées.

Toute la population fut alors dans une attente fièvreuse des évènements qui se préparaient ; les bruits les plus contradictoires circulaient sur le passage du Rhin et l'entrée des ennemis dans la Suisse allemande ; puis des rapports plus circonstanciés annonçaient qu'on avait vu l'avant-garde des armées autrichiennes s'avancer sur Berne et Neuchâtel.

Les autorités, les fonctionnaires et les employés avaient ordre de se replier vers l'intérieur à l'approche de l'ennemi. Les marchandises saisies à l'importation devaient suivre le mouvement. D'après un décret impérial, ces marchandises devaient être brûlées, et les pièces d'horlogerie broyées dans un pilon. Des exécutions de cette nature avaient été faites publiquement sur la place des Casernes, dans le communal des Pareuses en face du cimetière, et dans les fondrières du communal des Molards. La population avait vu avec un sentiment de regret et d'envie jeter dans les flammes des ballots de tissus anglais, des cartons de dentelles, des châles, et broyer des masses de montres en or ou en argent ; aussi lorsque le bruit se répandit dans la ville que les marchandises en douane allaient être enlevées, un attroupement compacte d'individus des deux sexes, se rassembla au-devant des magasins de la douane, faubourg Saint-Etienne, maison de l'hospice, somma M. Lebel, receveur principal, de livrer les marchandises, fit irruption, emporta quelques ballots, attaqua les employés du bureau, et les menaça de les jeter à la rivière ; l'un d'eux M. Parriaux, alors surnuméraire, poursuivi de près par ces hommes furieux, *eut le bonheur d'échapper à ce supplice en se sauvant à toutes jambes.*

La population de la ville, ordinairement si calme et si paisible, n'assistait pas seule à ce mouvement désordonné ; des gens du dehors, des étrangers mêmes qui faisaient le métier d'assureurs et dont les marchandises de contrebande avaient été saisies sur leurs bandes organisées, fomentaient ce désordre dans l'espoir de se récupérer en reprenant leurs marchandises. Il leur était facile d'exciter la cupidité de cette masse d'individus. Ces marchandises étaient arrivées à un prix fabuleux : le grossier calicot valait 5 à 6 francs l'aune, toutes les étoffes en coton étaient hors de prix ; le sucre se vendait six francs la livre, le café à peu près le même prix ; ainsi de toutes les denrées coloniales. La destruction et l'anéantissement probables de ces marchandises de première nécessité dont le public ne comprenait pas la portée politique, excitaient d'autant plus la convoitise qu'elles étaient plus rares et plus précieuses.

Les peines sévères de la Cour prévôtale de Nancy, créée exclusivement pour la répression des délits de contrebande ; l'ennemi qui était à nos portes et qui pouvait s'emparer de ces marchandises, joint à l'espérance d'une impunité, tout avait prédisposé les esprits à la révolte.

Cependant M. Micaud, sous-préfet, et M. Demesmay, maire de la ville, accompagnés de quelques citoyens, amis de l'ordre, calmèrent ce mouvement. Les marchandises restant dans les magasins furent conduites dans une salle de l'hôtel-de-ville, d'où elles furent *enlevées* nuitamment, sans qu'on fît dans ce moment de trouble de plus grandes recherches des coupables.

Ces désordres, qui se passaient dans l'après-midi

du 24 décembre, avaient engagé les autorités à réunir quelques citoyens de bonne volonté, pour former une garde nationale chargée de la tranquillité de la ville. Il était aussi arrivé de Salins cinq cavaliers et un officier de dragons, pour surveiller l'entrée de l'ennemi et en porter la nouvelle.

La journée du 25 se passa dans l'attente et dans les informations. Les fonctionnaires et les employés des différentes administrations partaient pour l'intérieur, après avoir mis en sûreté ou emmené leur mobilier; les habitants cachaient ou scellaient dans les murs leurs effets les plus précieux; c'était un sauve-qui-peut général. Le désordre était tel qu'il n'a pas été célébré de messe de minuit.

Cependant, dans la matinée du 26, rien n'annonçait encore d'une manière positive l'arrivée des troupes autrichiennes. On savait qu'elles ne pouvaient passer sous le canon du Fort, ni forcer la porte défendue du Chauffod; on doutait qu'elles pussent franchir la montagne du Larmont.

Ce jour-là même, les soldats du Fort vinrent comme d'habitude chercher leurs vivres; fêtés par les habitants dans ce moment de perplexité et de surexcitation, ils étaient encore sur le pont avec leur voiture de vivres à trois heures après-midi. Une demi-heure après leur départ, un piquet de garde-national composé de quatre hommes, commandés par M. Nicolas Faivre, imprimeur-libraire, (et que pour cette raison on surnommait le comte de Pommereuil, alors directeur général de la librairie), s'avança en reconnaissance sur la route du Fort. Les soldats n'avaient pas été inquiétés, mais à peine les gardes-nationaux étaient-ils à la proximité du Moulin-Maugain, qu'ils apperçurent au bas de la montagne du Larmont, six cavaliers qui fondaient sur eux. En chef prudent, M. Faivre ordonna à ses hommes de mettre la crosse en l'air en signe de soumission. Il fit bien, car les armes étaient hors de service.

Abandonnant ce piquet inoffensif, les cavaliers arrivèrent à fond de train, brandissant leurs sabres, et traversèrent de cette manière toute la ville jusqu'à la maison Rosselet, puis revinrent lentement sur leurs pas et s'arrêtèrent à la porte du Boulevard. Apercevant le vieux gendarme Boucon au-devant de l'hôtel de la Croix-Blanche, ils le firent prisonnier, puis le relachèrent.

Ces cavaliers, à leur arrivée, étaient suivis d'un peloton de 15 à 20 fantassins qui traversèrent également la ville au pas de charge, et se réunirent aux cavaliers sous le Boulevard.

Des curieux s'approchèrent et le chef de cette troupe ennemie s'informa en très-bon français : S'il existait des troupes dans le pays? Si la ville en attendait? Si elle se proposait de faire résistance? etc. Puis ces militaires demandèrent du vin, qui leur fut servi officieusement sur la rue par l'aubergiste de l'hôtel St.-Paul, touchant le Boulevard.

C'est pendant ce moment de repos que l'officier des dragons français, qui avait été surpris près du pont par les cavaliers autrichiens, et s'était dérobé à leurs regards en se précipitant dans l'allée de la maison Bourdin, aujourd'hui maison Labrut, avait gagné son logement, en se glissant de maison en maison, jusqu'à celle appartenant actuellement à M. le docteur Pône où, bridant son cheval, il déboucha au galop de la rue des Remparts dans le faubourg St.-Pierre où il fut accueilli par les fantassins autrichiens d'une décharge de mousqueterie, heureusement sans résultat. Sans s'émouvoir de cette brusque et dangereuse réception, l'officier fançais se baissa sur la tête de son cheval, s'éleva sur ses étriers, et sans ralentir sa course, montra aux autrichiens le bas de son dos. Poursuivi par les cavaliers autrichiens, l'officier français rejoignit les siens qui avaient pris l'avance sur la route d'Houtaud, et faisant face à l'ennemi, le força à rebrousser chemin.

Jusqu'à la nuit close, ces militaires, l'arme au poing, parcoururent la ville pour l'explorer dans tous les sens. Ils n'ont pas été plus inquiétés que des touristes. La population ébahie les regardait passer, sans manifester de crainte, ni d'hostilité; puis ils regagnèrent la Suisse.

Cette nuit se passa dans l'agitation et dans la crainte de ce qui arriverait le lendemain; chacun d'ailleurs était occupé à mettre la dernière main aux précautions de sûreté de ce qu'il avait de plus précieux.

Le lendemain 27, sur les dix heures du matin, une estafette, porteur d'une oriflamme, apporta à l'autorité les proclamations des puissances coalisées; et dans la soirée, deux cents hommes de troupes autrichiennes, cavalerie et infanterie, par détachements de 20 à 25, prirent possession de la ville et s'occupèrent des logements. Le même jour, 27, un parlementaire autrichien se rendit au fort de Joux pour demander la reddition de la place; il ne réussit pas dans cette première négociation, par l'énergique protestation des officiers et des soldats de la garnison.

Le 28, il arriva 600 hommes qui furent dispersés

en grande partie dans les villages voisins. Le 29, un nouveau corps de 2,000 hommes traverse la ville. A côté du général qui commandait cette troupe, on eut la douleur de voir le nommé Chouffe, français d'origine, mais étranger à Pontarlier où il était venu depuis quelques années seulement, fonder dans l'église des Annonciades un commerce équivoque sur les fers, caracoler en officier autrichien sur le cheval que l'ennemi lui avait équipé. Il n'a pas profité longtemps des avantages et du prix de sa trahison; car peu de jours après un boulet français l'a frappé à mort sous les murs d'Auxonne. Maudit soit le transfuge et le traître à sa patrie ! On avait remarqué aussi l'absence de deux autres habitants de Pontarlier; ceux-là sont rentrés honteusement dans les bagages autrichiens; ils sont morts, paix à leurs cendres.

Les 30 et 31 une partie de ces troupes partit pour l'intérieur; il n'en resta qu'un nombre suffisant pour surveiller la faible garnison du fort de Joux et organiser les services. Dès le 31, tous les cordonniers furent mis en réquisition pour faire des souliers aux troupes autrichiennes; et les boulangers pour cuir la ration de pain.

Le même jour, le général d'avant-garde escorté de 10 à 12 fusiliers et accompagné de M. Pernet, 1er adjoint qui remplaçait M. Demesmay, maire, retenu en chambre par une malencontreuse maladie, se présenta au bureau de l'Enregistrement pour s'emparer de la caisse, et, dans sa sollicitude, pour me dispenser d'un versement que par précaution j'avais fait la veille. Sommé de remettre les recettes du mois, j'obéis à cette injonction armée en ouvrant la caisse où, vérification faite, il s'y trouva en grosse monnaie une quarantaine de francs. En comptable expérimenté, l'officier réclame les bordereaux de comptabilité, je les lui présentai; il m'ordonne alors de le suivre avec son escorte chez le receveur particulier. M. Callier qui en remplissait les fonctions certifia mon versement, et par la balance établie dans ses écritures, ne laissa au général autrichien que la honte de sa démarche. Le coup de filet qu'il avait jeté à la fin d'un mois sur toutes les caisses publiques de la ville ne produisit absolument rien; le poisson s'était sauvé par les mailles.

Il n'est peut-être pas hors de propos de donner la nomenclature des autorités et des fonctionnaires de toutes les Administrations, et de dire dans quel esprit la population a accueilli nos ennemis, qui plus tard ont été appelés, dans un certain monde, *nos amis les ennemis.*

Dans l'administration : M. Micaud était Sous-Préfet, M. Adrien Dornier, secrétaire.

Dans l'ordre judiciaire : M. Gaudion, père, président; MM. Petit et Barbaud, juges; M. Maire, procureur impérial; M. Virvaux, substitut; M. Mongenot père, greffier; M. Tavernier, juge de paix.

La ville était administrée par M. Demesmay, maire; M. Pernet, 1er adjoint; M. Mathias Bonnet, 2e adjoint; M. Charles Gloriot était secrétaire et Nicolas Grenot, percepteur, receveur municipal.

Dans les forêts, il y avait M. Saillard, sous-inspecteur; M. Grosrichard, garde général.

Dans les douanes : M. Romagny, inspecteur; M. Lebel, receveur principal.

Dans les droits réunis : M. Samuel, contrôleur de ville, M. Sériot, receveur principal.

M. Bonjour était le curé de la seule église de St. Bénigne depuis la destruction de l'église Notre-Dame.

Le collège qui occupait une partie de l'ancien hôtel-de-ville, avait pour principal M. l'abbé Dornier; à son décès il fut remplacé par M. l'abbé Balanche.

M. Laborey avait la recette des Finances.

M. Perrenet était receveur de l'enregistrement et conservateur des hypothèques; M. Vallière, vérificateur. J'étais attaché au bureau en qualité de surnuméraire dès le mois de mars 1812.

Il y avait aussi dans la ville un homme considérable; c'était Son Eminence Monseigneur le cardinal de Cavalchini, gouverneur de Rome sous le pape Pie VII. Traité comme prisonnier d'état, il fut d'abord enfermé au fort de Joux, puis il avait obtenu la ville pour prison. Il y menait une vie religieuse et retirée. Il était d'une simplicité à faire oublier les hautes dignités qu'il exerçait à Rome. Il habitait, avec un seul valet de chambre nommé Volpini, la maison de M^{elles} Colin derrière l'église St. Bénigne.

Je ne puis non plus oublier un homme qui, pendant 40 ans et plus a exercé avec autant de désintéressement que de zèle et de dévoûment les modestes et pénibles fonctions d'instituteur communal. M. Philibert Charnaux a donné à deux générations les premiers principes de morale et les premiers éléments d'instruction pour un traitement annuel de 145 fr., deux cordes de bois et un logement très-restreint. Les mois d'écolage étaient fixés à 1 fr. et pour les pauvres que la ville avait le droit de faire admettre à cette école, elle payait une rétribution de 35 centimes.

La population de la ville et de la campagne offrait alors le type de deux générations. Ceux que la révolution avait surpris à l'âge mûr avaient conservé cette énergie qui distinguait cette époque; ils en avaient aussi conservé le costume: ainsi habit à la française à longues basques et à larges poches, garni de gros boutons en soie ou en métal luisant; gilet droit échancré sur le ventre et deux poches pendantes à côté; culotte courte boutonnée à la hauteur du genou, serrée sur le bas par une boucle de côté; souliers à larges boucles en or, en argent ou en cuivre suivant la fortune; chapeau à trois cornes, d'une forme basse sur le devant et très-relevée sur le derrière; ce chapeau placé sur l'oreille droite laissait apercevoir les cheveux coupés carrément sur le front, deux boudins ou ailes de pigeon sur les faces, et les cheveux de derrière contenus sur le col de l'habit, quelques uns par une simple tresse nouée près de la nuque; le plus grand nombre en formaient une queue qui flottait sur le dos, et d'autres enfin les renfermaient dans une bourse en soie, appelée *Cataugan*. C'est à cette dernière coiffure que nos dames d'aujourd'hui ont emprunté le chignon qui descend sur leur cou.

Ceux que la révolution avait trouvés dans l'enfance ou qui étaient nés sous la République et l'Empire portaient des habits de fantaisie, le pantalon collant sur les genoux; chaussaient des bottes à la russe ou à retroussis jaunes, avaient la tête tondue jusqu'au cuir et se coiffaient d'un chapeau rond en cône renversé. Les plus fashionnables portaient sous le bras gauche un chapeau plié en porte-feuille; mais cette mode céda bien vite à ce quolibet: *chapeau à claque, figure idem.*

Ces deux générations assouplies sous le régime impérial avaient alors le même sentiment : l'amour de la patrie, les uns par réminiscence, les autres par enthousiasme pour l'Empereur. C'est plus tard que les opinions se sont divisées et que les partis se sont renvoyés ces dénominations, regardées réciproquement comme injurieuses, de bonapartistes et de royalistes.

Le gros de l'armée et tout le matériel restait à passer. Comme on l'a dit, la route des Verrières était défendue par le fort de Joux, la gorge et la porte du Chauffod. Il y avait donc nécessité de traverser sur un point quelconque la montagne du Larmont. Par une circonstance exceptionnelle qui est le contraste de notre retraite de Moscou, il n'était pas encore tombé un flocon de neige, et il n'en tomba même pas jusqu'au 20 janvier. Le terrain durci par le froid pouvait supporter les plus lourdes charges. Les Autrichiens profitèrent de cet heureux hasard pour réparer à la hâte et ouvrir dans certaines parties, les chemins par la montagne. A cet effet, ils mirent en réquisition 300 ouvriers munis de pelles et de pioches qui furent, sous la conduite des soldats autrichiens et du caporal chlagueur, répartis par ateliers, du pied du Larmont à sa sommité. On voit encore sur certains points les vestiges de ce travail incomplet. Il a cependant suffi pour ouvrir le passage à une armée entière partant du village des Verrières-Suisses, et longeant à mi-côte les fermes et hameaux français des granges Michel, de la Droit, des Brenets, des Parrods et des Jeantets pour descendre sur Pontarlier en face de la maison de campagne de Sandon et du moulin Maugain. On voyait depuis la grande rue de Pontarlier se dérouler sur les flancs de la montagne cette avalanche de fantassins, de cavaliers, de canons, caissons, voitures et équipages de toutes formes qui employèrent 48 heures à défiler par sections et pelotons serrés dans toute la largeur de la grand'rue. Quelques détachements d'infanterie entrèrent aussi en France par les Rondes et la gorge des Entreportes. Ce passage s'effectua avec la même tranquillité que s'il se fut agi de troupes françaises, mais non avec le même sentiment de la part des habitants; les branches de buis et de sapin que ces soldats portaient sur leurs schakos en signe de victoire contristaient la population de la ville et lui faisaient garder un morne silence. Cette armée inonda pour peu de temps toutes les campagnes environnantes; elle se dirigea ensuite sur l'intérieur, sans que les habitants, à quelques exceptions près, aient eu à se plaindre de mauvais traitements ou de pillage.

La proximité du fort de Joux et sa résistance furent cause que la ville reçut une forte garnison; elle servit aussi de dépôt à l'armée. Les casernes et la maison de la chapelle de la Croix furent transformées en hôpital; l'église des Annonciades et la salle des spectacles en magasin d'avoine, la halle au blé en magasin à fourrage, et à raison de son insuffisance et d'un autre local, une meule en plein air existait au faubourg St. Pierre dans le squarre des deux routes; un parc fut établi entre les murs des Capucins et le moulin Parnet où autrefois était le quartier général de Saxe Weimar. Des troupeaux de bœufs de Hongrie à larges cornes et à poil gris furent placés au camp de Pontarlier, à Dommartin et à d'autres localités. Ces animaux répandirent la maladie épizootique et causèrent aux cultivateurs pendant plusieurs années des pertes plus réelles et plus sensibles que l'occupation militaire elle-même.

Les malades en grand nombre à la caserne; les craintes et les frayeurs dont les habitants étaient saisis joints à un nombre infini d'hommes et d'animaux qui avaient quadruplé la population de la ville, avaient déterminé une fièvre épidémique qui fit beaucoup de victimes. De ce nombre furent Mme Micaud, épouse de M. le Sous-Préfet, M. le docteur Tavernier, M. l'abbé Dornier, principal du collége. Les morts étaient si nombreux qu'on avait pratiqué dans le cimetière une fosse commune ; mais ce moyen étant reconnu insuffisant, et les fortes gelées ne permettant pas de creuser d'autres fosses, les cercueils par centaines étaient déposés dans l'écurie de la caserne où ils restèrent jusqu'au dégel.

La consternation était répandue dans toutes les classes de la société; les cloches n'annonçaient plus les décès. Personne ne voulait soigner les malades autrichiens; le général eut recours à une réquisition; alors des dames charitables se dévouèrent. De ce nombre fut Melle Rose Charnaux, belle sœur de M. Nozan, sous-inspecteur des postes; elle paya de sa mort son acte de dévouement.

Comme on avait dispensé des logements militaires les personnes qui soignaient les malades, il y eut beaucoup d'autres victimes. Je voudrais pouvoir les citer toutes à la reconnaissance publique. Si ma mémoire me fait défaut, je me rappelle du moins que M. Claudel et son épouse, aïeux maternels de M. et de MM[elles] Leduc, confiseurs, furent du nombre de ces martyrs de la charité.

Pour suffire aux soins pressants et multipliés que réclamaient les malades, il avait été construit sur la place des Casernes des baraques en bois où furent organisées des cuisines. Toutes ces dispositions n'étant pas encore suffisantes, l'hospice reçut autant de malades que les bâtiments pouvaient en contenir.

Le service était fait concurremment par les médecins de la ville et les médecins autrichiens. Un de ces derniers entra un jour dans la cuisine de l'hôpital où se trouvait sœur Ballyet. Ses exigeances et son impolitesse engagèrent cette dernière à conserver sa dignité, et comme il s'expliquait d'ailleurs en très-mauvais français et que sœur Ballyet ne lui répondait pas au gré de son impatience, il la poussa brusquement; celle-ci d'un caractère décidé et d'un esprit jovial saisit d'un tour de main une large poche en bois qui était dans une chaudière de riz et lui jeta tout le contenu à la figure; pour se venger, il lança à la sœur un couvercle de marmite qui la blessa à l'épaule; elle y porta la main et jetant les yeux sur son adversaire dont la figure et la tête étaient couvertes de riz, et le montrant du doigt aux personnes que cette scène avait réunies, elle mit les rieurs de son côté, et le pauvre médecin s'en alla, jurant, comme le corbeau de Lafontaine, qu'on ne l'y prendrait plus.

Le fort de Joux renfermait en 1812 et partie de 1813, le général Dupont et 3 à 400 prisonniers de guerre espagnols de tous les grades. Le général Dupont fut, en premier lieu, dirigé sur l'intérieur. Avides de leur liberté, quatre officiers espagnols s'avisèrent de couper leurs draps de lit par bandes rattachées les unes aux autres; et, profitant de la nuit, ils descendirent à l'aide de cette corde par la lunette des lieux d'aisances, au pied du fort, en face de l'église St. Pierre. Trois réussirent à se sauver, le quatrième fit par son poids rompre la corde, et, tombant de rochers en rochers, roula aux pieds de ses camarades. Malgré ses blessures il a pu cependant, à l'aide de ses compatriotes, gagner le village d'Oye, où il est mort des suites de sa chute. Les trois autres se sont sauvés du côté de la Suisse.

Après les désastres de la campagne de 1813 et la bataille de Leipsik, ce qui restait de prisonniers espagnols fut expédié et réparti dans les forts ou dans les places de guerre de l'intérieur, de sorte qu'il ne resta plus au fort de Joux qu'une faible garnison.

Les Autrichiens en avaient établi le blocus dès le 27 décembre 1813. Le 28 on entendit déjà résonner les décharges de l'artillerie. Pour la défense du fort et le service de l'artillerie, la garnison n'était pas assez nombreuse; elle offrait un effectif d'environ 100 soldats, dont 60 tirés des compagnies de vétérans, 12 à 15 dragons démontés et quelques conscrits; elle avait peu de vivres et pour s'en approvisionner elle faisait des sorties jusqu'au village d'Oye. Les Autrichiens, malgré leur nombre, n'osaient s'y opposer, ils fuyaient même à l'approche de cette poignée de soldats.

Pensant faire capituler cette garnison par le feu de leur artillerie, les Autrichiens avaient établi une batterie sur le rocher du Larmont à l'endroit même où, sur les plans de M. Lenglet, capitaine du génie, il a été élevé un fortin sous le règne de Louis-Philippe; une autre batterie était placée sur les rochers de la Fauconnière. Les boulets du Larmont atteignaient quelquefois la toiture et la charpente des bâtiments du fort, sans causer d'autres dégats.

Quant à ceux de la Fauconnière, ils étaient d'un trop petit calibre pour la distance; aussi ne faisaient-ils que labourer la plaine et le pied de la montagne. Les Autrichiens essayèrent encore leur artillerie depuis le tournant de la Cluse; mais toutes ces tentatives impuissantes en elles-mêmes avec des pièces de campagne, cédèrent d'ailleurs à la supériorité de l'artillerie française.

Toutes les avenues du fort de Joux étaient gardées par l'ennemi. Il existait des troupes dans les maisons de la Cluse; un piquet gardait le tournant; la route de Jougne était surveillée par des soldats placés aux moulins de Pierre-Franche; et celle de Neuchâtel par un bivouac de 40 hommes, établi contre les murs de l'église de St. Pierre. Le chemin et la plaine qui conduisent à Oye avaient des troupes postées au bois du Crossat.

Pour inquiéter ces stations, la garnison faisait de fréquentes sorties, et les canons du fort envoyaient des projectiles dans toutes les directions. Sur la route de la Cluse on voyait bondir les boulets jusqu'à Sandon; sur la route de Jougne, on voit encore les pièces de charpente du moulin de Pierre-Franche échancrées par les projectiles. Sur la route de Neuchâtel, le poste autrichien embusqué derrière le chœur de l'église était délogé par l'artillerie. Le village de la Cluse recevait des bombes vides qui traversaient les bâtiments. La maison de M. Verchet présente au plafond de sa chambre l'endroit où l'une de ces bombes est venue se loger. L'église de St. Pierre la Cluse a conservé le boulet qui a traversé la voûte de cet édifice et s'est fixé dans le mur du sanctuaire. Pour en perpétuer le souvenir, ce boulet est incrusté dans le pendant de la voûte, avec cette inscription: *Trois janvier* 1814. A l'extérieur de l'église contre le mur de la sacristie, M.

Bonnet, curé de la paroisse depuis 32 ans, nous a fait remarquer les traces de la fumée du bivouac autrichien, et les trous faits à l'église par des biscayens.

C'était un officier supérieur des armées autrichiennes du nom assez français de comte de Linange qui dirigeait les forces du blocus. D'après les dires qu'on a recueillis de sa bouche, il paraîtrait qu'il aurait été enfermé lui-même dans ce fort, on ne sait ni quand ni à quelle occasion ; mais on fut frappé alors de cette coïncidence qu'il a révélée lui-même ; quoiqu'il en soit, lorsqu'il vit que toutes ses tentatives avaient échoué devant l'énergique défense de la garnison, il employa alors les moyens de négociation.

La diplomatie lui réussit mieux que la force. Après 21 jours de blocus, le commandant de la place, nommé Roubeau, capitula et la rendit à l'ennemi le 17 janvier 1814, avec tout le matériel. La garnison conservait sa liberté, mais ce chef avait fait à son profit la honteuse stipulation d'une misérable somme de 942 fr., valeur à laquelle il avait estimé son mobilier personnel. Ce sont les habitants de Pontarlier qui ont été mis en réquisition pour solder le prix d'un traité que ni le courage de la troupe, ni le manque de vivres et de munitions n'autorisaient à subir.

En livrant le fort pour se rendre à Pontarlier, le nommé Liperte, garde d'artillerie, s'avisa de placer une longue mèche à un canon de gros calibre, et d'y mettre le feu au moment du départ. Une terrible détonation salua nos soldats arrivés en ce moment au tournant de la Cluse ; ils plaisantaient entre eux de cette méchanceté innocente ; mais dans le fort c'était un sauve-qui-peut ; ses nouveaux hôtes croyaient la montagne minée, et se voyaient déjà ensevelis sous ses décombres; il leur fallut plusieurs jours pour se remettre de leur frayeur et se rassurer. Ils s'en vengèrent plus tard en détruisant et en démolissant, même après l'abdication de l'Empereur et les préliminaires du traité de paix, tout ce qui en était susceptible. Ils jetèrent les canons par-dessus les remparts, les emmenèrent et en vendirent à nos voisins les Suisses; tout le matériel fut enlevé ou brisé; tout ce qui était en fer fut arraché; ils tentèrent de combler le grand puits et de faire sauter par la mine le massif de ces constructions. Les autorités françaises intervinrent à ce sujet, le traité de paix à la main, et réclamèrent la remise du fort. C'est ainsi que cet ancien donjon féodal, cette première forteresse de nos frontières, séjour de tant de prisonniers d'Etat (Mirabeau, Toussaint Louverture, (¹) le général Dupont, Mgr. de Cavalchini, etc.) et vierge jusqu'alors de tout ennemi, rentra dévastée et démantelée en la possession française après quatre mois d'occupation.

Pendant tout le blocus il ne coula pas une seule goutte de sang français. Dans l'armée autrichienne, un officier en observation sur un rocher du Larmont eut les deux jambes emportées par un boulet du fort. Ses camarades eurent la cruauté d'attendre la nuit pour aller à son secours, n'osant pas s'exposer de jour à la précision du tir français. Un des soldats du bivouac de l'église St. Pierre a aussi été

(¹) Pendant que Toussaint Louverture était dans les prisons du fort de Joux, il dicta ses mémoires à un M. Jeannin, de Levier, secrétaire de la place. Il est à regretter qu'on n'ait pu découvrir ce qu'étaient devenus des renseignements aussi intéressants que précieux pour l'histoire.

tué en fuyant sur la route des Verrières, près du monticule où il existe actuellement une croix. Cependant les journaux allemands ont fait grand bruit de la prise *éclatante* et *glorieuse* du fort de Joux. On doit leur pardonner, car ils en ignoraient les circonstances.

Les troupes qui étaient nombreuses à Pontarlier pendant tout le blocus du fort diminuèrent ensuite d'une manière très-sensible, de sorte que des habitants qui, dans le principe, avaient 30, 40, 60 militaires à loger et à nourrir, furent allégés de moitié ou des deux tiers; d'ailleurs l'organisation des services permettait des distributions et rendait les logements moins onéreux. Toutefois à raison de la cherté du sucre et du café dont les Autrichiens étaient très-gourmands, les petites provisions des marchands furent bientôt épuisées; et comme on ne pouvait s'approvisionner à l'intérieur on eut recours à la Suisse qui finit par nous inonder de marchandises prohibées de toute sorte. Cette garnison autrichienne composée en grande partie de la Landwer, était inoffensive pourvu qu'on lui donnât, *tut de suite,* force lard et eau-de-vie. Elle choquait nos usages par sa malpropreté : elle lissait ses cheveux et ses moustaches avec les bouts de chandelles, et graissait ses chemises avec des couennes de lard. Cette placidité gloutonne a fourni à la verve de M. Juliet, jeune licencié, ami joyeux de son spirituel confrère M. Poimbœuf, la chanson dont voici le premier couplet :

> Brûlant de soif et partant pour la France,
> Le Kaïserlik ennemi du chagrin,
> Le ventre creux et frappant sur sa pance,
> En arrivant répétait ce refrain :
> Ma valeur infinie
> N'en veut qu'à l'eau-de-vie ;
> Siffler gaîment et le chenapz et le chenix,
> C'est le devoir du vaillant Kaïserlik.

Les campagnes n'avaient pas été plus épargnées que la ville; toutes les habitations étaient jonchées de militaires, et lorsqu'il n'y avait pas de logements suffisants, ils campaient au milieu des champs. C'est ainsi qu'à Frasne, un corps de passage de 7 à 8,000 hommes, infanterie et cavalerie, inonda la plaine au sud-est du village. Les habitants, requis de fournir les vivres, les portèrent eux-mêmes à la troupe. Le vin était dans des sceaux, et après s'en être rassasiés, les cavaliers le donnaient à leurs chevaux; ce qui faisait dire avec étonnement par les enfants du pays à leurs mères: « ils ont des chevaux qui boivent le vin. » Ils ne savaient pas, dans leur innocence, que si les chevaux de leurs parents ne buvaient pas de vin, c'est qu'on ne leur en donnait pas.

La ville de Besançon était bloquée et assiégée de toute part par les troupes autrichiennes; l'autorité de M. Jean Debry, préfet du département, ne pouvait s'exercer que dans son enceinte; ce fut dans ce moment, qu'à l'abri et sous la protection des baïonnettes autrichiennes, M. le comte de Scey créa une nouvelle administration départementale dans la ville d'Ornans. Pour avoir sous sa main des moyens de publicité, les presses de M. Nicolas Faivre (comte de Pommereuil) furent mises en réquisition et transportées dans cette ville. C'est d'Ornans que sont arrivées dans l'arrondissement de Pontarlier les premières adresses et les premières proclamations qui rappelaient au trône de France la branche aînée des Bourbons. Cette idée apparut d'abord comme un rêve; la jeunesse surtout qui n'avait connu que l'Empire, et n'avait jamais entendu parler des Bourbons, croyait qu'il n'en existait plus un seul rejeton.

Pendant que ses presses fonctionnaient à Ornans, M. Nicolas Faivre s'avisa (sans doute par un sentiment patriotique qui le dominait) d'imprimer dans une proclamation le nom de l'Empereur d'Autriche en lettres italiques et celui de Napoléon en gros caractères. Grande fut la rumeur! il fallait punir le coupable. M. Faivre est conduit chez le général; celui-ci le reçoit avec gravité et sévérité au pied de son tribunal; un interprète le fait asseoir en face de son juge; six grenadiers armés, trois de chaque côté, entourent le coupable. Etonné de cet appareil menaçant, il s'adresse à l'interprète et lui dit avec une certaine liberté d'esprit et d'un air naïf: « Est-ce que vous me prendriez pour un tabernacle que vous placez six cierges à mes côtés? » Cet à-propos ingénu excite le rire de l'interprète; le général en demande l'explication, et, en riant lui-même, il ordonne qu'on reconduise *ce coquin-là* à son imprimerie en l'avertissant que s'il s'y retrouve il aura les cinquante coups de chelague qu'il allait recevoir.

Depuis l'occupation, toutes les nouvelles de l'intérieur et de l'Empire qui n'arrivaient à cette époque que trois fois par semaine dans l'arrondissement: les lundi, mercredi et vendredi, avaient cessé totalement. Celles d'Ornans n'étaient pas en rapport avec les sentiments qui dominaient la population, aussi on saisissait avec une avide inquiétude quelques renseignements vagues de ce qui se passait dans les plaines de la Champagne. L'indice le plus certain du succès de notre armée, c'étaient les préparatifs de retraite et l'air d'abattement des Autrichiens : ainsi lorsque l'Empereur, vainqueur à Champ-Aubert, à Montmirail, à Château-Thierry, faisait rétrograder les alliés sur Dijon; lorsqu'il défit les Autrichiens à Montereau, et qu'un armistice était proposé le 12 février 1814 par le prince de Schwartzenberg; lorsque le maréchal Augereau refoulait de Lyon sur Lons-le-Saunier les troupes de Bubna, dans chacune de ces circonstances, tout se préparait à Pontarlier pour une retraite : Les troupes, sacs au dos, couchaient nuit et jour dans les rues et les encombraient; les chevaux étaient sellés et harnachés; les bagages étaient chargés, les ambulances organisées; les routes étaient barricadées, et le pont d'Houtaud sur le Drujeon était encombré de voitures, échelles et pièces de bois; tout était prêt et disposé pour une fuite. Bien des fois alors on a regretté la reddition du fort de Joux. Pour surcroit de précautions, tant était grande leur frayeur, les Autrichiens avaient établi un télégraphe sur plusieurs directions : cet appareil consistait dans de grandes perches plantées sur les sommités des montagnes; une botte de paille attachée à l'extrémité supérieure de la perche devait être enflammée à l'approche des Français. Ce signal, dont le mot d'ordre était connu, aurait été fatal aux Autrichiens en cas de retraite.

En effet l'esprit public était sourdement travaillé; une organisation armée se préparait en silence pour agir en cas de besoin, sur les derrières de l'armée autrichienne engagée dans le centre de la France. Cependant cette organisation ne fut pas tellement secrète qu'il n'en parvint quelques indices aux oreilles du général autrichien. Tout-à-coup on annonce dans la ville l'arrestation de MM. Saillard, sous-inspecteur des forêts; Rousset, garde chef à Levier et Bouveret, garde communal à Sombacour. Sur de simples soupçons ils sont enchaînés et expédiés au quartier général du Grand-Verre, d'où ces victimes innocentes d'une flétrissante dénonciation furent, après justification, renvoyées dans leurs foyers par le prince de Lichestein. On n'avait à leur reprocher qu'une noble et naturelle aspiration de patriotisme qu'elles ne démentirent pas; mais on ne put les convaincre de projets concertés ni de manifestations extérieures.

Cet état de qui-vive dura jusqu'à la nouvelle de l'abdication de l'Empereur, c'est-à-dire jusqu'aux premiers jours d'avril. Ce fut alors de la part des Autrichiens une joie indescriptible : des danses en plein air étaient organisées; un air de fête et de contentement étaient répandus sur leurs visages et dans toutes leurs personnes; c'était le contraste des frayeurs qu'ils avaient eues dès leur entrée en France. Cet état de surexcitation entretenu par un supplément de vivres et de liquide dura jusqu'à leur départ qui s'opéra successivement. Toutefois, le 12 juin 1814, il existait encore dans la ville quelques convalescents dont la présence à la Fête-Dieu se faisait remarquer; ils étaient alors des hôtes, et non plus des ennemis.

C'était le général de Clebersberg qui commandait les troupes placées dans la zône frontière. Il avait des sentiments bienveillants et des manières affables; on doit lui savoir gré de la discipline qu'il a fait observer aux troupes sous ses ordres. En général il n'y a eu ni vols ni pillage, et si dans quelques circonstances, des bourgeois ont eu à se plaindre d'exigeances outrées ou de brutalité de certains militaires, il s'est empressé de leur faire rendre justice, même de punir de la chelague ceux de ses soldats qui s'étaient portés à des excès. Il était logé dans la maison de M. Michaud de Doubs, avec son état major; le local prêtait à des réunions; le général organisa des bals où toutes les dames de la ville furent invitées. Le désir combattu par la convenance les faisait hésiter; mais on fit valoir le mécontentement du général, les exécutions militaires qu'on devait redouter et les réquisitions dont on serait frappé; après tout et pour raison concluante, le général et son état major étaient gens de bonne compagnie. Les dames se rendirent donc à un premier bal, suivi de deux autres assez nombreux. Si la différence des langues ne permettait pas de s'entendre, les gestes suppléaient; au total ces Autrichiens n'étaient ni des Weimar ni des Attila.

Malgré la discipline qui était observée dans l'armée autrichienne, il se commettait bien quelques tromperies dans la manutention des denrées provenant des réquisitions. Un Badois qui suivait l'armée s'occupait de la réception des fournitures à effectuer à la garnison autrichienne du fort de Joux. On découvrit que des réquisitions réitérées étaient rachetées moyennant finances. Par une méprise et sur de faux renseignements, M. Simon Chambard en fut accusé; conduit sous bonne escorte dans les prisons du fort, son innocence fut bientôt reconnue. Le garde magasin badois le remplaça dans la prison; et peu de temps après, soit qu'il se fut rendu justice, soit qu'on la lui eut rendue, son corps tombé des remparts était gisant aux pieds des rochers du fort.

Cette première invasion dont les blessures pécuniaires subsistaient encore, ne laissait cependant plus de traces visibles à la surface du sol le 11 juillet 1814, jour d'arrivée et de séjour à Pontarlier de leurs Majestés l'empereur d'Autriche et du roi de Prusse. Il semble que le silence et le respect étaient la seule démonstration possible envers des souverains dont les armées dix fois plus nombreuses venaient d'écraser nos soldats sans les vaincre; cependant des vivats anti-français se firent entendre chaque fois qu'un de ces monarques paraissait à la croisée de l'Hôtel de la Poste, aujourd'hui Hôtel National, où ils étaient logés.

Le lendemain, l'Empereur d'Autriche partit le premier, laissant au roi de Prusse la liberté de prendre ses dispositions pour faire son entrée triomphale dans ses états du canton de Neuchâtel, qu'il venait de recouvrer par le traité de paix de Paris. Sous l'administration paternelle et protectrice du prince Berthier, ce canton jouissait de tous les avantages des Français, sans en supporter les charges; cependant, rendus à leur ancien souverain, les Neuchâtelois s'empressaient avec joie de le fêter à l'extrême frontière. Une population nombreuse s'était réunie au village des Verrières-Suisses; des demoiselles élégamment vêtues devaient offrir un bouquet à sa Majesté, et complimenter leur gracieux souverain; des arcs de triomphe étaient dressés, revêtus d'inscriptions louangeuses; en avant de ces trophées, des demoiselles barraient innocemment le passage avec des rubans, tout était fête; mais leur gracieux monarque ne daigna pas s'arrêter; les équipages continuèrent leur route sur Neuchâtel, au grand désapointement général et à l'ébahissement des spectateurs.

Après six mois de craintes et de tribulations, le pays tendait à rentrer dans l'ordre et à cicatriser ses blessures. Les fonctionnaires avaient repris leurs services; la justice, dont l'action répressive avait été un moment suspendue, n'avait pas perdu de vue ceux qui s'étaient fait remarquer le 24 décembre, par leur exaltation furieuse lors du pillage à la douane des marchandises de contrebande; trois d'entre eux, les nommés Girard, Merle et Maillot, furent traduits en Cour d'assises et subirent des condamnations.

Ce temps de calamité n'avait pas été perdu pour l'agriculture, c'est de ce moment que les terres ont été mieux soignées, c'est de l'expérience qu'est arrivée l'impulsion. Parmi les cultivateurs, il était généralement admis que les terres dites de la Champagne exigeaient peu d'engrais, parce que ce vaste terrain d'alluvions était sujet aux sécheresses que la fermentation du fumier augmentait encore; les récoltes étaient maigres, et les terres d'une valeur vénale de 150 fr. le journal de 36 ares. Le camp autrichien, entre l'enclos des Capucins et le moulin Parnet, avait laissé sur le sol une couche épaisse de fumier; les récoltes y furent magnifiques non-seulement la première année, mais bien des années après; le propriétaire y pratiqua des prairies artificielles qui réussirent au-delà de toute espérance. Elles attiraient l'attention publique; ainsi par imitation se trouva résolu en agriculture ce problème sur les engrais, et cette expérience, due à un malheur public, quadrupla en quelques années la valeur de ces terres, enrichit leurs propriétaires, et fit faire dans le pays un pas immense à l'agriculture.

La nation, fatiguée et épuisée de guerres interminables, aurait accepté après l'abdication volontaire de l'Empereur, la dynastie des Bourbons qui lui ramenait la paix; mais l'histoire de cette époque fait connaître les causes qui excitèrent un mécontentement général, et applanirent devant les pas de l'Empereur le chemin de la Capitale; aussi son retour de l'Ile-d'Elbe fut un triomphe sur tout son passage, et dans toute la France cet accueil, par la nation française, fut une haute et solennelle protestation contre les fautes de la restauration pendant les onze mois de son premier règne.

C'est le 5 mars 1815, que la nouvelle du débarquement de l'Empereur au Golfe-Juan parvint, sourdement d'abord puis officiellement plus tard, dans la ville de Pontarlier; elle fit une explosion contenue les premiers jours et ensuite désordonnée. Les officiers de l'armée que le Maréchal Soult, alors ministre de la guerre, avait renvoyés brutalement et impolitiquement dans leurs foyers, se réunirent dans la ville pour se concerter; deux d'entre eux, les gardes-d'honneur Cressier et Létondal se distinguaient entre tous par leurs clameurs et leurs évolutions; en parcourant les rues à cheval, hissant le drapeau tricolore, appelant aux armes, et en menaçant au besoin les timides et les suspects. Les habitants eux-mêmes prenaient part à cet entraînement et à la joie générale, c'était un élan qu'il n'eût pas été possible de contenir.

Le rappel à l'armée de ces officiers et des anciens militaires licenciés, apaisa ce moment d'effervescence, donna plus de tranquillité à la ville, et permit aux administrateurs d'apporter plus d'ordre, d'activité et de régularité dans les préparatifs d'une défense contre l'étranger.

M. Antide Pernet, qui était alors maire de la

ville, fût remplacé par M. Victor Loiseau; le Fort-de-Joux, dont le commandement était confié à M. Thivol, fut armé, approvisionné de vivres et de munitions et occupé par une garnison en rapport avec ses moyens de défense. Les municipalités offraient des fantassins et des cavaliers, la ville de Pontarlier offrait elle-même deux cavaliers montés et équipés.

Les dons patriotiques venaient de toute part au secours de la patrie en danger, la garde nationale créée dans cette circonstance critique était mobilisée, le département du Doubs fournit pour son premier contingent, un régiment de grenadiers de 3 bataillons, composés chacun de sept compagnies à l'effectif de 120 hommes; un pareil régiment de chasseurs s'organisait et devait suivre le départ des grenadiers. En avant du village d'Houtaud, deux redoutes s'élevaient de chaque côté de la route; pour déblayer le terrain et éviter une surprise, les arbres qui bordaient la route furent coupés par le pied à plus de 300 mètres en avant de ces redoutes. Les mêmes moyens de défense avec palissades étaient employés par les habitants de la ville de Morteau sur les deux routes qui conduisent en Suisse; tout s'organisait pour une vigoureuse défense.

C'était le général Laplagne qui, sous les ordres du général en chef Lecourbe dont le quartier général était à Belfort, commandait les gardes nationaux chargés de surveiller et défendre les frontières des cantons de Vaud et de Neuchâtel. C'est sous son patronage que se formèrent des compagnies de Corps-Francs. Celle qui s'organisa à Pontarlier, d'hommes de bonne volonté, de courage et de dévouement, avait élu pour son commandant M. Jacquin, père, officier de la légion d'honneur, ancien militaire de la guerre d'Egypte. De tous ceux qui faisaient partie de cette compagnie, il n'existe plus que M. Grenot, ex-percepteur de la Cluse, qui a bien voulu donner sur l'organisation de cette compagnie, sur ses exploits, ses marches et contre-marches, tous les renseignements que sa mémoire a pu lui fournir.

Les libertés promises à la France dans les proclamations de l'Empereur à son retour de l'Ile-d'Elbe, et la nécessité qu'il y avait pour lui de se créer une popularité au moment d'entreprendre une guerre à mort avec l'Europe coalisée, déterminèrent Napoléon à faire voter par oui ou par non un supplément additionnel à la constitution de l'Empire; à cet effet, des registres étaient ouverts dans toutes les municipalités pour y recevoir les adhésions, celui destiné aux habitants de Pontarlier était déposé à la Sous-Préfecture et confié aux soins de M. Dornier, secrétaire en chef. M. Michaud de Doubs, ancien représentant du peuple sous la convention, adhéra à cet acte additionnel et apposa sa signature sur le registre. Cette signature fut plus tard la cause de son exil qu'il préféra subir plutôt que de se servir d'un mensonge, même d'une simple réticence.

Pour complément à toutes ces dispositions civiles et militaires, l'Empereur mettait à exécution l'acte additionnel avant de l'avoir soumis à la nation. Par un décret, il convoque les Chambres à la grande solennité du Champ-de-Mai. M. Demesmay, père, élu député par l'arrondissement de Pontarlier, se rendit à cette cérémonie qui eut lieu avec la plus grande pompe au Champ-de-Mars, à Paris, le premier juin. Le 4 du même mois, après un discours d'ouverture prononcé par l'Empereur, les représentants du peuple furent installés; dans la nuit du 11 au 12, départ de l'Empereur pour l'armée; le 18, bataille et désastre de Waterloo.

Cette précipitation des évènements avait pris en défaut les armées coalisées, et les avait empêchées de combiner leurs mouvements. C'est ce qui explique l'inaction des troupes autrichiennes sur les bords du Rhin. Les Suisses eux-mêmes, armés pour la conservation de leur neutralité, attendaient les résultats de la campagne qui s'ouvrait en Belgique, pour prêter leur appui au vainqueur.

La bataille de Waterloo ouvrait toutes les portes de la France. L'abdication de l'Empereur, son départ de Paris et sa proclamation d'adieux avaient paralysé toutes les forces de l'Empire. Le général Laplagne, dans les premiers jours de juillet, avait replié à l'intérieur ses bataillons incomplets de gardes nationales; la compagnie de Corps-Francs qui venait de s'organiser, suivit le mouvement de retraite. C'est ce moment même où le pays était abandonné au premier occupant que les Suisses choisirent pour faire irruption, l'arme au bras, et envahir, avec quarante mille hommes, l'arrondissement de Pontarlier et quelques communes du Jura.

Les armées de chaque puissance se hâtaient à l'envie de faire acte de possession. L'armée suisse, agissant isolément, était déjà parvenue aux portes de Besançon: mais, se heurtant sur ce point avec les troupes autrichiennes, elle rétrograda précipitamment pour se concentrer dans l'arrondissement de Pontarlier. Ce mouvement de retraite ne se fit pas sans quelques désordres; aussi M. Bastide en mission pour achat de denrées fut obligé, pour soustraire son cheval à une réquisition forcée, de le loger dans une chambre de l'hôtel Nélaton à Ornans. Il ne parvint ensuite à Pontarlier qu'en s'adjoignant un aumônier suisse et évitant, autant que possible, les corps de troupes en retraite. Dans ces moments de trouble et d'épouvante, la Commission des subsistances eut, dans maintes circonstances, recours à l'activité, au dévoûment et aux honnêtes services de M. Bastide. C'est à sa bonne et intelligente administration que l'arrondissement de Pontarlier est redevable de la régularité du service des vivres au gîte d'étape de Gonsans.

Les proclamations de la Diète helvétique donnaient une couleur amicale à cette irruption; elles annonçaient que cette armée serait nourrie et entretenue par les subsides de la Suisse. Cependant ces soldats se présentèrent et agirent en vainqueurs irrités; leur séjour de trois mois fit regretter la présence des Autrichiens. Pendant ce temps, réquisitions sur réquisitions sont frappées sur la ville et la campagne; l'une de dix-mille francs espèces pour acheter des grains est imposée à la ville; une autre pour indemnités de table des officiers. Le commissaire des guerres, Schalk, a reçu de cette manière 1,179 fr. 30 c. : une autre somme, après bien d'autres, pour trois cents hectolitres de vin, pour de l'eau-de-vie, de la viande, etc ; de sorte que ces troupes, au lieu d'être nourries avec les subsides suisses, pesaient de tout leur poids sur la ville et la campagne.

Une circonstance éveilla l'attention de M. Thiébaud, percepteur, ancien greffier en chef de la

Cour de Florence, de M. Bailly, avocat, et de M. Victor Loiseau, notaire, tous trois membres de la Commission des subsistances pour l'arrondissement. Ils apprirent qu'une certaine quantité de têtes de bétail, provenant des réquisitions, avaient été vendues publiquement et aux enchères, dans la ruelle des maisons Girod où étaient le magasin des subsistances et le logement du commissaire Schalk. Ils portèrent plainte à la Diète et demandèrent une enquête sur l'ensemble des réquisitions. Leurs vives représentations firent cesser les abus, et plus tard le commissaire des guerres Schalk, traduit devant un conseil de guerre suisse, fut condamné à une peine corporelle et à une restitution pécuniaire dont l'arrondissement n'a jamais pu profiter.

Pendant que le Commissaire des guerres vendait du bétail, les boucheries n'étaient pas approvisionnées pour le service de la troupe. Le bétail manquant pour la distribution du lendemain, le Commissaire fit enlever militairement et avec violence, à onze heures et demie du soir, quatre bœufs des écuries du sieur Guyon, cultivateur au faubourg Saint-Pierre. La ville a été obligée de payer le prix de ces quatre bœufs au propriétaire; comme elle a été obligée de payer à la Compagnie des salines de Salins une somme de dix neuf cents et quelques francs, pour une réquisition de sel enlevé des magasins de M. d'Aubonne, receveur à Pontarlier.

Les membres de la commission des subsistances dont j'étais le secrétaire n'avaient cependant rien négligé pour combattre ces dilapidations; elle s'en plaignait à la commission centrale, à la diète suisse et au commissaire Schalck lui-même. Dans une de ses lettres du 27 août 1815, on lit ce paragraphe :

« La viande est requise sur pied ; les bouchers
« suisses exigent de l'argent pour recevoir les piè-
« ces de bétail que les maires leur présentent, faute
« de quoi elles sont déclarées être de mauvaise
« qualité et comme telles refusées. Ensuite on pro-
« cède à leur estimation qui est toujours portée à
« un poids moindre que le véritable, sans avoir
« égard au gras et au cuir que l'on ne rend jamais ;
« ce qui augmente tellement la charge de cette par-
« tie des réquisitions que déjà plus de 4,000 pièces
« de bétail sont abattues dans l'arrondissement. M.
« le Commissaire des guerres donne lui-même des
« récépissés aux communes sans livraison préala-
« ble et moyennant paiement du montant de leurs
« réquisitions. La commission retient dans ses bu-
« reaux des déclarations de nombre de maires des
« communes qui attestent ces abus. »

Derrière les baïonnettes suisses la réaction royaliste se manifesta ouvertement. Déjà M. le comte de
Scey avait repris l'administration du département ;
il avait nommé M. Antide Pernet, maire de la ville
de Pontarlier en remplacement de M. Loiseau. M.
Adrien Demesmay, ancien émigré, remplissait les
fonctions de sous-préfet ; toute l'autorité, appuyée
des baïonnettes, était concentrée dans ses mains ;
il en usa pour organiser une garde bourgeoise ou
plutôt une police armée, chargée d'épier les dé-
marches, les paroles et les gestes des habitants, et
malheur à celui dont les paroles pouvaient donner
matière à interprétation ; malheur à celui qui, dans
l'ensemble de sa toilette, offrait des pieds à la tête
les trois couleurs du drapeau de l'Empire ! Par dé-
rision on appelait cette police d'hommes pris au

hasard la *Compagnie des manchettes*, parce qu'ils portaient autour du bras gauche, comme signe distinctif, une livrée blanche.

La réaction était tellement soupçonneuse que M. Huot de Neuvier, nouvellement arrivé sous-préfet à Pontarlier, rencontre dans la rue M. Jannin, homme âgé, d'un caractère paisible, et d'une démarche lente et compassée qui n'avait rien de l'allure militaire ; il croit cependant le reconnaître sous un déguisement pour le général Lavalette. Ordre est donné de le surveiller ; mais lorsque toute la police est prête à mettre la main sur ce citoyen inoffensif, mille bouches protestèrent contre ce burlesque quiproquo, et il ne dut qu'à sa commune renommée de ne pas coucher au moins vingt-quatre heures en prison.

Elle voulait, cette réaction, effacer jusqu'au souvenir de l'Empire ; et, dans cette intention, le 23 avril 1816, jour anniversaire de la rentrée des Bourbons, le même Sous-Préfet fit brûler publiquement le drapeau tricolore et détruire les insignes de l'Empire, comme si son auto-da-fé et quelques cris discordants avaient pu faire oublier nos conquêtes de la liberté. Par une coïncidence fortuite, le lieu de cette exécution était le même que celui où Mirabeau, ce coryphée de la liberté, avait été brûlé en effigie, comme prévenu de rapt de la marquise Le Monnier.

L'organisation volontaire de la Compagnie franche de l'arrondissement s'était faite sans bruit et sans éclat ; elle était prête à se mettre en campagne dès les premiers jours de juillet. Par un mot d'ordre secret tous ceux qui en faisaient partie se trouvèrent de nuit au rendez-vous fixé dans la plaine de la Champagne, près de la maison Rosselet. Là, la nomination des chefs fut faite par acclamation. M. Jacquin, père, dont on a parlé, fut à l'unanimité élu commandant. Ainsi organisée, cette compagnie, armée de fusils et d'armes blanches de différentes origines, servit d'avant-garde à la retraite du général Laplagne sur la ville d'Ornans. On y reçut l'ordre de se diriger sur Salins, en passant par les défilés et les gorges de Nans. Le village d'Alaise étant l'Alésia de César, cette compagnie de Corps-Francs a parcouru, dans une extrêmité pareille à celle des Gaulois, le camp de Vercingétorix et les doubles circonvallations de César.

A Salins, le général sans instructions lui-même et sans ordres supérieurs ne donna aucune destination à cette compagnie pendant une dizaine de jours. Fatigués de leur inaction, ces soldats volontaires partent pour Poligny ; ils y fraternisent avec la compagnie doloise; puis, étant informés qu'il existait dans le village de Voiteur un corps de troupes autrichiennes, infanterie et cavalerie, ils forment le projet de le surprendre et de l'attaquer. Renforcés des sapeurs de la compagnie doloise qui gardait Poligny, ils font route toute la nuit, et descendant à la pointe du jour la montagne de Château-Châlon, ils se trouvent en face du premier poste autrichien. Sans considérer le nombre des ennemis ni la difficulté de l'entreprise, ils attaquent ce poste. La fusillade met en émoi toute la troupe autrichienne; les cavaliers courent à leurs chevaux, ils sont poursuivis de rue en rue l'épée dans les reins; ils se sauvent les uns à pied, les autres à cheval; trois sont faits prisonniers, quinze chevaux sont capturés et quatre hommes tués. Tel a été le résultat de cet audacieux coup de mains exécuté contre un ennemi quatre fois plus nombreux. Ils eurent cependant à déplorer la perte d'un des leurs, le nommé Fumey, de Levier, tué à l'attaque du premier poste. Après avoir veillé à sa sépulture, ils retournèrent le jour même à Poligny. Les prisonniers furent mis en sûreté à l'hôpital ; et, des quinze chevaux capturés, sept furent pour la compagnie doloise, et les huit autres restèrent pour le service de la compagnie de Pontarlier. Craignant une surprise, le commandant marcha avec sa troupe sur Arbois et Salins où ils furent accueillis et fêtés avec les démonstrations de la joie la plus vive.

Les forces autrichiennes se concentrant de plus en plus, les compagnies de partisans devaient, selon le but de leur institution, gagner la campagne pour agir avec promptitude et par surprise. Celle de Pontarlier se dirigea sur Boujailles. De nuit et sans guide, elle s'égara dans les vastes forêts de Maublin. Elle fit halte et passa la nuit au bivouac. Marchant à la découverte, elle se dirigea à la pointe du jour vers les bois de Courvière. De là, ayant l'intention de surprendre les troupes autrichiennes qui seraient au village de Bonnevaux, elle se fit précéder par un éclaireur à cheval chargé de la reconnaissance des lieux et des forces de l'ennemi. Au lieu d'Autrichiens il rencontra l'armée suisse qui commençait son irruption. La compagnie en bon ordre rétrograda alors à travers les bois et par des chemins détournés sur le village de Levier. Tous les hommes fatigués de ces courses successives avaient été disséminés dans leurs logements, lorsque, dans la nuit, un corps de troupes suisses est signalé; il occupait déjà le village. Impossible à la compagnie de se réunir. Le commandant, logé au centre du village chez le notaire de l'endroit, paie d'audace ; accompagné de son tambour, il lui ordonne un roulement précipité, et, d'une voix retentissante, il commande la charge à son bataillon composé de deux hommes, lui et son tambour. L'ennemi étourdi s'efface à ce cri de guerre, et tous les hommes de la compagnie ont le temps de gagner paisiblement la compagne pour se réunir dans la forêt.

Pendant tous ces mouvements la question du règne était résolue; une suspension d'armes était acceptée; la guerre avait pris fin. Le général Laplagne, resté à Salins, y rappela la compagnie des Corps-Francs de Pontarlier ; elle fut dissoute ; mais avant de se séparer, ces soldats citoyens vendirent les chevaux qu'ils avaient pris à l'attaque de Voiteur et, en hommes aussi humains que courageux, ils réservèrent une bonne partie de ce prix pour la veuve de leur camarade Fumey, mort pour son dévouement à la Patrie.

Rentrés dans leurs foyers, ces hommes de cœur et d'action obtinrent pour récompense de leur dévouement, et après un mois de rudes travaux, d'être poursuivis, désarmés et placés sous la surveillance personnelle de cette compagnie policière de manchettes dont on a parlé. Ils restèrent pendant bien des années exposés à des vexations et mis en état de suspicion pour avoir défendu leur patrie contre l'ennemi.

Les évènements politiques avaient marché avec une telle rapidité qu'il n'était plus question de guerre lorsque l'armée suisse fit, le 7 juillet, son irruption sur le territoire français. Le fort de Joux ne fit donc aucune défense parce qu'il ne fut pas attaqué. Cependant il était de la part des Suisses l'objet d'une secrète convoitise ; c'eût été un fait militaire à signaler ; une couleur à donner à leur occupation militaire que rien ne justifiait ; et par la remise volontaire de ce dépôt à la Restauration, ils en espéraient des sentiments bienveillants et de la reconnaissance.

Il y eut à ce sujet de grands et violents débats parmi les officiers et les soldats de la garnison. Les uns, voyant l'Empire écroulé, tendaient à se rapprocher des Bourbons, et, pour preuve de leur dévouement, ils auraient à invoquer la remise d'une place de guerre confiée aux ennemis de la France qui les ramenaient sur le trône ; les autres tenaient à l'Empire et ne comprenaient pas la nécessité de remettre à des mains étrangères une forteresse que l'on pouvait conserver intacte à la patrie et au souverain, quel qu'il fût. Il y avait d'ailleurs pour ces derniers un point d'honneur militaire qui ne leur permettait pas de livrer volontairement une place forte dont la défense leur avait été confiée. Ainsi fut conservée intacte cette place de guerre, avec tout le matériel et les vivres accumulés dans la crainte d'un siége prolongé.

Ces vivres, devenus inutiles à la garnison du fort, servirent à la nourriture des troupes autrichiennes de passage dans le département pour rentrer dans leur pays. La Commission départementale, chargée de l'approvisionnement des gîtes d'étapes, avait frappé l'arrondissement de Pontarlier d'une réquisition très-importante en farine, blé, avoine, foin, paille, viande et vin à livrer dans un bref délai à a station de Montbéliard. Le transport de ces marchandises encombrantes par des chemins alors impraticables devenait difficile et presque impossible; aussi la sous-commission de l'arrondissement de Pontarlier adressa-t-elle des réclamations tant sur le quantùm de la réquisition que sur le lieu de la fourniture. En attendant la réponse de la Commission départementale, comme secrétaire de la commission, je fus délégué avec M. Broye pour traiter, à prix d'argent, de la fourniture à faire à Montbéliard en foin, paille et avoine; pour la viande, on avait extrait du Fort-de-Joux vingt et quelques têtes de bétail qui nous suivaient sur la route de Montbéliard. Je m'abouchai avec l'autorité préposée à cet effet, et, lorsque j'eus exposé ma mission, on m'insinua de faire opérer les livraisons de l'arrondissement de Pontarlier par un fournisseur que l'on se réservait de m'indiquer, moyennant des mandats que je tirerais sur la caisse de l'arrondissement, ainsi que d'ailleurs j'y étais autorisé.

Malgré les avantages qui m'étaient offerts, et peu rassuré sur l'exécution d'une convention de cette nature, je remis la négociation au lendemain. Dans l'intervalle, je reçus des membres de la Commission l'avis que l'arrondissement de Pontarlier, au lieu de verser ses fournitures à Montbéliard, demeurait chargé de l'approvisionnement du gîte de Gonsans. Je me rendis toutefois à la réunion; mais, lorsque j'eus donné connaissance des instructions que j'avais reçues, et que j'eus persisté dans mon refus de traiter sur les bases discutées la veille, on me manifesta un grand mécontentement, et je pris congé de mon interlocuteur. J'étais à peine sur la place que six fantassins et un sergent autrichiens se placent devant moi la baïonnette croisée. Le sergent s'approche et me dit en français : que je ne suis pas prisonnier, mais seulement mis en surveillance, et que j'avais la liberté de circuler avec mon escorte de six fusillers. Comme je me souciais peu de cette compagnie, je fus conduit à mon hôtel où je fus gardé à vue pendant trois jours. Outre le piquet qui est resté jour et nuit à ma porte, il y avait une sentinelle à la tête de mon cheval, et, par précaution, on avait enlevé une roue à ma voiture. Pendant ces trois jours, je n'ai fait d'autre démarche que d'écrire aux membres de la Sous-Commission de Pontarlier pour leur rendre compte de ce que j'avais fait et des causes qui me retenaient à Montbéliard. La matinée du quatrième jour, il n'y avait plus ni piquet à ma porte, ni sentinelle à la tête de mon cheval; n'en devinant pas la cause, j'appris du maître-d'hôtel que j'étais libre. Sans une minute de retard et sans m'inquiéter de celui à qui j'étais redevable de cette détention arbitraire, mon cheval a été attelé et je suis parti avec M. Broye pour Baume et de là pour Gonsans et Pontarlier

J'omettais de faire observer que les vingt et quelques têtes de bétail provenant du Fort-de-Joux étant arrivées, il ne fut pas possible de les faire rétrograder; leur livraison vint en déduction des fournitures à effectuer au gîte de Gonsans C'est la seule fourniture que l'arrondissement de Pontarlier ait faite à Montbéliard.

Les réquisitions frappées sur l'arrondissement de Pontarlier tant par la Commission départementale que par la Sous-Commission de l'arrondissement étaient rachetables en argent, pour ceux qui ne voulaient ou ne pouvaient les acquitter en nature. Le trésorier de ces recettes était M. Gaudion, fils, juge-de-paix. Après la liquidation définitive des dépenses de cette seconde invasion, il résulta des comptes du receveur qu'il restait en caisse et sans emploi une somme de 26,000 francs environ. La répartition devait naturellement s'en faire entre toutes les communes de l'arrondissement ; cependant elle fut employée à acheter de l'Hospice de Pontarlier les bâtiments et les dépendances de l'hôtel de la Sous-Préfecture actuel. De sorte que l'arrondissement de Pontarlier a payé seul l'acquisition et l'appropriation d'un édifice qui tombe à la charge du budget départemental. Cette affaire fut traitée et décidée administrativement en 1816, et dès la fin de l'année, M. Daclin, alors sous-préfet, quitta avec ses bureaux l'ancien couvent des Bernardines où le département payait une location. Ce reliquat de compte provenant des réquisitions avait été déjà singulièrement diminué par la solde des hommes de cette Compagnie des manchettes créée arbitrairement par l'autorité d'alors et payée plus arbitrairement encore avec des deniers qui avaient été versés par les contribuables pour une toute autre destination; aussi l'emploi, quoique irrégulier, qui fut fait de ces fonds pour acheter l'hôtel de la Sous-Préfecture ne souleva pas de réclamations sérieuses.

Ainsi finit la liquidation de la recette et de la dépense de cette seconde invasion La récapitulation totale des réquisitions de toutes natures imposées à l'arrondissement a justifié une somme qui excède 2,000,000 fr. On peut, sans exagération, porter à la même somme les dépenses de nourriture à domicile et autres accessoires, de sorte que la moyenne des 40,000 habitants de l'arrondissement de Pontarlier aurait été de 100 francs par tête.

Le Fort-de-Joux était tellement approvisionné en 1815 que, comme supplément, les communes de l'arrondissement ont dû livrer contre remboursement que les malheurs du temps n'ont pas permis de faire :

1° Farines, kilogrammes . . 22,500
2° Légumes secs . id. 3,200
3° Viande . . . id. 55,600
4° Lard salé . . id. 4,220
5° Foin . . . . id. 16,500
6° Paille . . . id. 8,500
7° Bois stères . . . 500

La ville de Pontarlier, par le fait de ses marchands, a fourni en supplément :

1° Riz kilogrammes 5,000
2° Sel . . . id. 1,100
3° Chandelles . id. 600
4° Huile à brûler id. 110
5° Eau-de-vie litres 3,962
6° Vin . . . id. 12,430
7° Vinaigre . . id. 927

C'est avec la partie de ces denrées non consommées par la garnison du fort que l'arrondissement de Pontarlier a fait une livraison de viande à Montbéliard, et de vivres au gîte d'étapes de Gonsans.

Il résulte aussi d'un état général des réquisitions qui ont frappé l'arrondissement de Pontarlier pendant *la première invasion* que le total de ces réquisitions, dont le produit a été versé dans les magasins, se serait élevé, le 21 mai 1814, à 1,213,132 f. Dans ce total, ne sont pas comprises les dépenses et les pertes à domicile. L'évaluation qui a été faite de ces denrées paraît généralement faible; ainsi, la nourriture des chevaux est fixée à 2 fr. 50 c. par jour; chaque tête de bétail, bœufs ou vaches, à 125 fr.; les veaux, 5 fr.; les moutons, 4 fr.; la viande 60 centimes le kilogramme, et le blé 2 fr. 40 cent. le double-décalitre.

Il résulte aussi de cet état qu'il a été employé 2,500 journées à la réparation des chemins que l'armée autrichienne a suivis pour entrer en France en traversant la montagne du Larmont.

Le roi Louis XVIII et les princes de la famille des Bourbons, pour venir au secours des départements qui avaient le plus souffert des calamités de la guerre, avaient, par une ordonnance du 8 mai 1816, mis à la disposition de ces départements une somme de 11,000,000 fr., prélevés 8 millions sur la liste civile du roi, deux millions sur la somme affectée aux dépenses des princes et un million sur les sommes votées par les deux chambres à l'occasion du mariage du duc de Berry. Le département du Doubs a obtenu, par l'ordonnance de répartition la somme de 242,000 francs; et, dans la sous-répartition, l'arrondissement de Pontarlier y a été compris pour 36,000 francs. Cette somme, distribuée entre toutes les communes de l'arrondissement, a légèrement atténué les pertes des plus indigents et soulagé leurs misères.

La violence de la réaction royaliste se manifesta par les lois de la Chambre introuvable de 1815. Par la disposition d'une de ces lois, tous les députés à la Convention nationale qui avaient voté la mort de Louis XVI, et qui avaient, pendant les cent jours, adhéré à l'acte additionnel de l'Empire, étaient condamnés à l'exil perpétuel, et, dans un délai assez court, devaient être expulsés du territoire français. M. Michaud de Doubs était un de ces anciens députés, et, comme on l'a dit, il avait accepté le supplément à la Constitution de l'Empire.

Au moment de l'invasion, M. Dornier, secrétaire en chef de la Sous-Préfecture, avait conservé par mesure de prudence le registre sur lequel la signature de M. Michaud était apposée. Celui-ci ignorait cette circonstance, et elle n'était connue que de mon ami, M. Dornier et de moi. Nous formons le projet de la lui révéler et de lui procurer le moyen de se soustraire au bannissement. De concert, nous nous rendons chez lui, dans le cabinet de sa bibliothèque, en face du feu de sa cheminée. La conversation nous a bientôt amenés à lui parler des causes de son exil, alors M. Dornier lui dit : si vous n'aviez pas accepté par votre signature l'acte additionnel à la constitution de l'Empire, la loi qui vient d'être rendue ne pourrait vous atteindre puisque la charte amnistie le passé; eh bien, voilà le registre et votre signature, mettez le tout au feu et niez votre adhésion à l'acte additionnel. A cette proposition inattendue, il éprouve un saisissement qui l'interdit, lui ôte la parole, puis il penche la tête sur sa poitrine et la relevant ensuite, il nous dit avec force: Non, je ne veux pas même par un mensonge me soustraire à l'application de la loi. Mais, lui avons-nous dit, il n'est pas même nécessaire d'un mensonge; demandez qu'on justifie par votre signature l'adhésion qu'on vous reproche. Ce serait un subterfuge, nous dit-il, et je ne l'emploierai pas. Aucune considération de famille, de patrie, de relations sociales ne put faire changer sa résolution. Il nous remercia avec effusion, des larmes amères dans les yeux, et nous lui fîmes nos derniers adieux. Ses cendres reposent dans le canton des Grisons où il a passé dans l'exil ses dernières années. Sa bibliothèque composée de plusieurs milliers de volumes et de manuscrits précieux a enrichi la bibliothèque de Besançon.

M. Dornier lui-même est mort dès le mois d'avril 1819; restait à moi seul le secret de cette scène où l'amitié combattit sans succès les scrupules d'un cœur ulcéré. Mlle Michaud a pu apprendre ces détails de son père dont elle a partagé l'exil. Je le suppose par les témoignages constants de son affectueuse amitié pendant les 10 ans et plus qui ont séparé sa mort de celle de son père. Cependant il n'y a jamais eu entre nous d'explication; le sujet était trop pénible à traiter, il réveillait trop de souvenirs.

La nature devait ajouter ses rigueurs à nos calamités et à nos discordes civiles : Des millions de bouches avaient épuisé en 1814 et 1815, toutes nos subsistances; les réserves des années précédentes en blé, orge, avoine, foin et paille avaient à peine suffi à la consommation des troupes alliées; l'occupation militaire avait fait négliger l'agriculture; la maladie épizootique qui règnait depuis 1814, n'avait pas permis de faire des élèves de l'espèce bovine, ce qui rendait difficile l'approvisionnement des boucheries, de sorte qu'on attendait la récolte de 1816 pour rétablir l'équilibre entre la production et la consommation, mais jamais on ne vit une année plus désastreuse que celle de 1816 : des pluies froides régnèrent toute l'année; il tomba de la neige dans l'arrondissement de Pontarlier tous les mois sans exception, et plusieurs fois par mois;

les blés, les avoines et les pommes de terre furent gelés et ne purent mûrir; il fut même impossible de les récolter, parce qu'ils furent ensevelis sous une neige précoce; toutes ces récoltes furent perdues, ou du moins tellement gâtées qu'elles faisaient un pain gluant, de mauvais goût et très-malsain. La France entière et les pays étrangers eux-mêmes s'étaient ressentis de cette température. Malgré la liberté des mers, notre marine et le commerce ne pouvaient faire des approvisionnements; les transports par terre étaient difficiles, tout concourrait à maintenir la famine au pays. Les ouvriers étaient heureux de travailler pour leur nourriture, car le mauvais blé se vendait de 16 à 20 francs le boisseau ou quart de l'hectolitre; le pain 1 fr. 70 le kilogramme; le vin âpre de l'année 1 fr. 50 le litre et toutes les denrées dans la même proportion. La charité, la bienfaisance vinrent au secours de tant de malheurs; aussi tous ceux qui étaient dans la position de soulager des gens qui souffraient de la faim montrèrent de la bonne volonté, firent des efforts et des sacrifices. Le malheur public avait rapproché toutes les classes; la bienveillance et le dévouement avaient créé des secours réguliers, et organisé la distribution d'aliments capables de soulager la faim. Aussi il n'y eut point de désordre, et personne n'eut à maudire l'égoïsme et la richesse. Cette dernière calamité a clos cette série de malheurs que les années 1814, 1815 et 1816 avaient légués à la France.

FIN

www.ingramcontent.com/pod-product-compliance
Lightning Source LLC
LaVergne TN
LVHW021703080426
835510LV00011B/1565